Charles Dickens

DAVID COPPERFIELD

Alan Marks

Angleterre - Romans

DAVID COPPERFIELD

dans la version que Charles Dickens en a faite en lecture publique
illustrée par Alan Marks
Traduction de Sylvère Monod

Un livre Michael Neugebauer aux Editions Nord-Sud

Chapitre I

J'avais très bien connu la maison de M. Peggotty pendant mon enfance, et je suis sûr qu'elle ne m'aurait pas davantage séduit s'il s'était agi du palais d'Aladin, avec l'œuf de rock et tout le reste. C'était une espèce de péniche noire, ou de bateau désaffecté, échoué à sec sur les sables de Yarmouth, avec un tuyau de fer qui en sortait en guise de cheminée. Il y avait une charmante petite porte découpée dans le flanc et le bateau était recouvert d'un toit, et il y avait de petites fenêtres. Il était d'une propreté magnifique et tenu à la perfection. On y trouvait quelques coffres et caisses, ainsi qu'une table et un coucou, et une commode, et un plateau à thé avec une image peinte dessus, et le plateau était maintenu contre le mur par une bible; et si le plateau n'avait pas été maintenu, il serait tombé sur une quantité de tasses et de soucoupes et une théière, assemblées autour du livre. Aux murs, des images coloriées représentaient Abraham en rouge s'apprêtant à sacrifier Isaac en bleu, et Daniel en jaune, jeté dans une fosse aux lions verts. M. Peggotty, le plus honnête marin qui ait jamais vécu, faisait commerce de homards, de crabes et de langoustines.

La maisonnée de M. Peggotty n'avait pas changé depuis mon enfance; maintenant que j'étais devenu jeune homme, elle se composait toujours de son neveu orphelin Ham Peggotty, jeune charpentier de marine, de sa nièce adoptive, la petite Emily, dont j'avais été jadis l'amoureux enfantin et qui était devenue une belle jeune femme; et de Mme Gummidge. Pendant de nombreuses années M. Peggotty avait à lui seul pourvu à la subsistance de ces trois personnes. Mme Gummidge était la veuve de son associé (à la tête d'un bateau), qui était mort pauvre. Elle était très reconnaissante, mais elle se serait assurément rendue plus agréable si elle ne s'était sans cesse plainte, assise dans le coin le plus confortable près de la cheminée, d'être "une pauvre créature solitaire pour qui tout allait de travers".

C'est vers ce vieux bateau que je me dirigeai un certain soir mémorable, en compagnie de mon ancien camarade de classe devenu à présent mon ami très cher, Steerforth; Steerforth, mon aîné de cinq ou six ans; brillant, beau, doué, séduisant; je l'admirais de tout mon cœur et je nourrissais envers lui les sentiments les plus romanesques de fidélité et d'amitié. Il était venu de Londres avec moi et il s'était associé avec la plus grande ferveur à mon projet de rendre visite à la maison toute simple et aux gens très simples que j'avais connus autrefois.

Il n'y avait pas de lune; au moment où nous traversâmes pour gagner le vieux bateau la bande de sable plongée dans l'obscurité hivernale, le vent soupirait lugubrement.

«C'est un endroit sauvage, n'est-ce pas, Steerforth?»

«C'est assez mélancolique dans l'obscurité, dit-il, et la mer pousse des cris comme si elle était avide de nous engloutir. Est-ce le bateau où je vois de la lumière là-bas?»

«C'est ce bateau», dis-je.

En approchant de la lumière nous cessâmes de parler, et nous nous avançâmes silencieusement vers la porte. Je posai la main sur le loquet, et, après avoir dit à voix basse à Steerforth de rester tout près de moi, j'entrai et je me trouvai au milieu de la famille stupéfaite, que je n'avais pas revue depuis mon enfance, face à face avec M. Peggotty à qui je tendais la main, quand Ham s'écria:

«M'sieur Davy! C'est M'sieur Davy!»

Un instant plus tard, nous étions tous en train de nous serrer la main, de nous demander les uns aux autres comment nous allions, de nous dire les uns aux autres combien nous étions heureux de nous revoir, et de parler tous à la fois. M. Peggotty était tellement ravi de me voir, et de voir mon ami, qu'il ne savait que faire ou que dire, et continuait inlassablement à donner des poignées de main à moi, puis à Steerforth, puis à moi de nouveau, puis à ébouriffer ses cheveux hérissés sur toute sa tête, puis à rire avec tant d'allégresse que c'était une vraie joie de le voir.

«Eh bien! que vous deux, messieurs... deux grands messieurs maintenant... vous soyez venus sous mon toit ce soir, et pas n'importe quel autre soir de ma vie, ça fait une vraie fête au village, comme c'était encore jamais arrivé, je le crois sincèrement!... Emily, ma chérie, viens ici! Viens ici, ma petite sorcière! Voilà l'ami à m'sieur Davy, ma chérie! Voilà le monsieur que t'as entendu parler, Emily. Il vient te voir, avec m'sieur Davy, le plus beau soir de la vie de ton oncle, passée ou à venir, hourrah!» Puis il la laissa aller; et tandis qu'elle se sauvait dans sa petite chambre, il promena son regard sur nous tous, tout échauffé et essoufflé par sa joie prodigieuse.

«Si vous deux, messieurs... deux grands messieurs maintenant... et quels messieurs!... vous m'excusez pas d'être dans tous mes états quand vous saurez ce qui se passe, je vous demanderai pardon... Emily, ma chérie!... Elle sait ce que je vais vous dire, et elle a filé. Cette petite Emily-là, not' petite Emily, monsieur – M. Peggotty s'adressait maintenant à Steerforth –, elle a été dans not' maison ce que personne d'autre, j'imagine, monsieur (je suis qu'un ignorant, mais c'est ça que je crois), personne d'autre qu'une petite bonne femme à l'œil vif pourra jamais être dans une maison. C'est pas mon enfant; j'ai jamais eu d'enfant; mais je pourrais pas l'aimer davantage si elle était cinquante fois mon enfant. Vous comprenez! Je pourrais pas!»

«Je comprends parfaitement», dit Steerforth.

«Je sais que vous comprenez, monsieur, répondit M. Peggotty, et encore une fois, je vous remercie. Eh bien, monsieur, y avait un certain individu qu'avait connu notre Emily depuis le moment où son père, il s'était ennoyé; et qui l'avait vue sans arrêt, comme toute petite, comme fillette, comme femme. Ah! c'était pas un personnage très reluisant à voir, celui-là... bâti à peu près comme moi... mal dégrossi... pas mal

de points communs avec le suroît... très salé... mais, dans l'ensemble, un gars assez honnête, et qu'avait le cœur bien placé.»

Je n'avais jamais vu Ham faire un sourire moitié aussi large que celui qu'il nous adressa à ce moment-là.

«Et qu'est-ce qu'il fait, ce diable de Mathurin-là? dit M. Peggotty, dont la joie éclairait le visage comme le soleil en plein midi. Il a fallu qu'il se laisse prendre son cœur par notre petite Emily. Il la suit partout, il devient un peu son valet, il perd presque entièrement le goût du manger, et, à la longue, il finit par me révéler ce qui va pas. Alors, je lui conseille de parler à Emily. Il est assez costaud, mais il est plus timide qu'un petit garçon, et il me dit que ça lui dit rien. Alors, c'est moi qui parle. "Comment! lui! que dit Emily. Lui que je connais si intimement depuis tant d'années, et que j'aime tant! Oh! mon oncle, jamais je ne pourrai l'épouser. C'est un si brave garçon!" J'y donne un baiser et j'y dis pas un mot de plus que ça: "Ma chérie, t'as raison de dire ce que tu penses; tu dois choisir toi-même; t'es libre comme un petit oiseau!" Alors, je vais le retrouver, lui, et j'y dis: "Je regrette que ça se soit pas arrangé, mais ça s'arrange pas. Mais vous pouvez rester tous les deux comme avant; et ce que je te conseille, c'est d'être avec elle celui que t'étais avant, comme un homme." Il me dit en me serrant la main: "Je serai comme avant!" qu'il me dit. Et il l'a été... comme un homme, un homme loyal et un homme d'honneur... et ça a duré deux ans.

Tout d'un coup, un soir (un soir comme aujourd'hui, par exemple), voilà la petite Emily qui rentre de son travail, et lui qui rentre avec elle! Vous allez me dire que ça veut pas dire grand-chose. Non, parce qu'il veille sur elle comme un frère après la tombée de la nuit, et d'ailleurs avant la tombée de la nuit aussi, et à toute heure. Mais cette espèce de Mathurin, il la prend par la main, et il me crie tout joyeux: "Dis donc! V'là celle qui va être ma petite femme!" et elle, elle me dit, l'air à moitié brave et à moitié effrayée, en pleurant à moitié et en riant à moitié: "Oui, mon oncle! S'il te plaît!..." S'il me plaît, s'écria M. Peggotty, en agitant la tête avec transport à cette idée; juste ciel, comme si ça risquait de me déplaire! "S'il te plaît, je suis plus sérieuse maintenant, et j'ai réfléchi à la question, et je ferai de mon mieux pour être une bonne petite épouse pour lui, car c'est un brave garçon et un bon garçon!" Alors, Mame Gummidge, elle applaudit comme au théâtre, et vous entrez. Voilà! Y a plus de secret! dit M. Peggotty. Vous entrez! Tout ça vient de se passer ici à l'instant; et voilà l'homme qui va l'épouser, aussitôt qu'elle aura fini son apprentissage de couturière.»

Ham chancela, ce qui n'avait rien d'étonnant, sous le coup que lui asséna M. Peggotty dans le débordement de sa joie, comme marque de sa confiance et de son amitié; mais, comprenant qu'il devait nous dire quelque chose, il nous dit, en hésitant beaucoup et avec de grandes difficultés:

«Elle était pas plus haute que vous, m'sieur Davy... la première fois que vous êtes venu ici... quand j'ai pensé à ce qu'elle allait devenir en grandissant. Je l'ai vue grandir, messieurs, comme une fleur. Je donnerais ma vie pour elle... m'sieur Davy... Oh! avec quel bonheur et quelle joie! Y a pas un seul gentleman sur toute la terre... y en a pas non plus chez ceux qui naviguent sur toute la mer... qui puisse aimer sa femme plus que je l'aime, et pourtant y a beaucoup d'hommes ordinaires... qui diraient mieux que moi... ce qu'ils voudraient dire.»

Il me parut émouvant de voir un gaillard robuste comme Ham l'était maintenant trembler sous l'effet puissant de ses sentiments à l'égard de la jolie petite créature qui avait conquis son cœur. Je trouvai émouvante la simple confiance que nous avaient témoignée M. Peggotty et lui-même. Je fus ému par toute cette histoire. Tout cela m'emplit de plaisir, mais, au début, d'un plaisir indiciblement fragile qu'il n'eût pas fallu grand-chose pour changer en peine.

C'est pourquoi, s'il avait dépendu de moi de faire vibrer la corde sensible chez eux avec tant soit peu d'habileté, je m'en serais piteusement tiré. Mais cela incomba à Steerforth, et il s'en acquitta avec tant d'adresse qu'au bout de quelques minutes, nous fûmes tous aussi heureux, aussi parfaitement à l'aise qu'il était possible de l'être.

«Monsieur Peggotty, dit-il, vous êtes un excellent homme et vous méritez tout le bonheur que vous éprouvez ce soir. Serrons-nous la main!... Ham, mon vieux, je vous félicite. Serrons-nous la main également!... David, ranime le feu, et fais-le pétiller! Et, monsieur Peggotty, si vous n'arrivez pas à convaincre votre aimable nièce de venir, je vais m'en aller. Je ne voudrais pas être cause d'un vide à votre foyer un soir comme celui-ci... surtout pas ce vide-là... je ne le voudrais pas pour tous les trésors des Indes!»

M. Peggotty alla donc chercher la petite Emily. Au début, elle ne voulut pas revenir, et alors Ham y alla. Bientôt, ils la ramenèrent au coin du feu, très confuse et très intimidée. Mais elle eut vite fait de prendre de l'assurance quand elle vit avec quelle douceur et quel respect Steerforth lui parlait, avec quelle habileté il évitait tout sujet qui aurait pu l'embarrasser; de quelle manière il parlait à M. Peggotty de bateaux, de navires, de marées et de poissons; de quelle manière il disait le plaisir que lui procuraient le bateau et tout ce qu'il contenait; avec quelle légèreté et quelle aisance il continua à parler, tant et si bien qu'il nous enferma graduellement dans un cercle enchanté et que nous nous mîmes tous à bavarder sans la moindre réserve.

Mais il ne monopolisa pas l'attention générale, ni la conversation. Quand la petite Emily me parla de nos vagabondages d'autrefois sur la plage, pour récolter des coquillages et des cailloux; et quand je lui demandai si elle se rappelait à quel point je lui étais alors attaché, Steerforth resta silencieux et attentif. De même quand je parlai à la petite Emily de nos promenades sur cette morne étendue plate, pendant des heures et des heures, et de la façon dont les jours folâtraient à nos côtés, comme si le Temps lui-même n'avait pas encore grandi, mais était un enfant comme nous, toujours en train de jouer. Emily resta assise pendant toute la soirée, sur son coffre d'autrefois, dans son petit coin d'autrefois auprès du feu, avec Ham assis à côté d'elle. Je ne pus déterminer si c'était sa petite façon personnelle de le tourmenter, ou si c'était par réserve virginale en notre présence, qu'elle restait tout contre le mur et éloignée de Ham; mais je remarquai que telle fut son attitude pendant toute la soirée.

Autant que je m'en souvienne, il était près de minuit quand nous prîmes congé d'eux. Nous avions eu pour le souper des biscuits et du poisson séché, et Steerforth avait tiré de sa poche une gourde pleine de genièvre de Hollande. Nous nous quittâmes joyeusement; et, alors qu'ils étaient tous massés autour de la porte pour nous éclairer le plus loin possible sur notre route, je vis les jolis yeux bleus de la petite Emily qui, derrière Ham, nous suivaient du regard, et j'entendis sa douce voix nous crier d'être prudents en chemin.

«Cette petite beauté est fort séduisante, me dit Steerforth en me prenant le bras. Ma foi, c'est un endroit curieux, et ce sont de curieuses gens; et c'est une sensation toute nouvelle de se mêler à eux.»

«Et quelle chance nous avons eue en outre, Steerforth, dis-je, d'arriver pour être témoins de leur bonheur devant ce projet de mariage. Jamais je n'avais vu de gens aussi heureux. C'est si délicieux d'y assister!»

«Ce gaillard est un peu trop lourdaud pour la fille, n'est-ce pas?» dit Steerforth.

Je ressentis un choc en recevant cette froide réponse. Mais en me tournant rapidement vers lui, je vis ses yeux qui souriaient, et je répliquai:

«Ah, Steerforth, vous pouvez toujours plaisanter en parlant des pauvres! Quand je vois comme vous les comprenez parfaitement et savez vous associer à un bonheur tel que celui de ce simple pêcheur, je sais qu'il n'est pas une seule joie, un seul chagrin, une seule émotion de ces gens-là qui puisse vous être indifférente. Et pour cette raison je vous admire et vous aime vingt fois plus, Steerforth!»

J'eus alors la surprise de l'entendre prononcer soudain ces mots auxquels rien ne m'avait préparé:

«Pâquerette, plût au ciel que j'eusse eu un père judicieux au cours de ces vingt dernières années! Tu sais que ma mère m'a toujours adoré et gâté. Je regrette de toute mon âme de n'avoir pas été mieux guidé! Je regrette de toute mon âme de ne pas être capable de me mieux guider moi-même!»

Il y avait dans son attitude une tristesse véhémente qui me surprit profondément. Je n'aurais pas cru qu'il pût jamais être si différent de ce qu'il était d'habitude.

«Mieux vaudrait être ce pauvre Peggotty, ou son lourdaud de neveu, que d'être ce que je suis, vingt fois plus riche et vingt fois plus savant, et de me causer à moi-même les tourments que je me suis causés, dans ce bateau du diable, depuis une demi-heure!»

Je fus tellement confondu par sa métamorphose que je ne sus d'abord que l'observer en silence, marchant à mon côté. Finalement je lui demandai de me dire ce qui était arrivé pour le contrarier de façon tellement inhabituelle.

«Bah! ce n'est rien, Pâquerette. Je crois que j'ai dû faire un cauchemar. J'ai été envahi de la tête aux pieds par ce que les vieilles femmes appellent des hallucinations. J'ai eu peur de moi-même.»

«Il me semble que rien d'autre ne vous fait peur», dis-je.

«Peut-être, et pourtant il y a malgré tout bien des choses qui pourraient me faire peur, répondit-il. Allons, c'est fini! Pâquerette... je sais que ce n'est pas le nom que t'ont donné tes parrain et marraine, mais c'est celui que je préfère te donner... et je regrette, je regrette, je regrette que tu ne puisses pas me l'appliquer aussi!»

«Mais je le peux, si je veux», dis-je.

«Pâquerette, si jamais quelque chose devait nous séparer, il faut que tu penses à moi sous mon meilleur jour, mon vieux? Allons! Disons que c'est entendu. Tu penseras à moi sous mon meilleur jour, si jamais les circonstances doivent nous séparer.»

«Pour moi, Steerforth, dis-je, vous n'avez pas de meilleur jour, ni de pire. Vous êtes toujours pareillement aimé et chéri, du fond de mon cœur!»

Je me levai, pour partir seul, le lendemain à l'aube et, m'étant habillé aussi doucement que possible, je jetai un regard dans sa chambre. Il était profondément endormi et il reposait paisiblement, un bras passé sous sa tête, comme je l'avais souvent vu reposer à l'école.

En temps voulu (et ce temps arriva très vite), le moment vint où je m'étonnai presque que rien n'eût troublé son repos, tandis que je le regardais. Mais il dormait… et c'est ainsi que je veux repenser à lui… comme je l'avais souvent vu dormir à l'école; et c'est ainsi, à cette heure silencieuse, que je le quittai.

Jamais plus (Oh! que Dieu vous pardonne, Steerforth) je ne devais toucher avec affection et amitié cette main inerte. Jamais, jamais plus!

Chapitre II

Il s'écoula plusieurs mois avant le jour où je me retrouvai dans cette région, marchant un soir vers le vieux bateau. Il faisait très sombre et la pluie commençait à tomber quand j'arrivai en vue de la maison de M. Peggotty et de sa fenêtre éclairée. Après avoir un peu pataugé dans le sable, qui était très humide, j'arrivai à la porte et j'entrai.

J'avais été invité à un petit souper; Emily devait épouser Ham quinze jours plus tard, et c'était la dernière fois que je devais la voir jeune fille.

L'intérieur semblait vraiment très confortable. M. Peggotty avait fumé sa pipe comme chaque soir, et le souper était en cours de préparation. Le feu brillait, dégagé de ses cendres, le coffre était prêt pour la petite Emily à sa place habituelle. Mme Gummidge avait l'air de pleurnicher un peu, dans son coin à elle, et par conséquent elle paraissait tout à fait normale, elle aussi.

«Vous arrivez le premier, m'sieur Davy! me dit M. Peggotty d'un air heureux. Asseyez-vous, monsieur. J'ai pas besoin de vous souhaiter la bienvenue, mais vous l'êtes, le bienvenu, et je vous le dis de tout mon cœur.»

Là-dessus Mme Gummidge gémit.

«Du courage, du courage, mame Gummidge!» dit M. Peggotty.

«Non, non, Daniel, répondit Mme Gummidge. Ça sert à rien de me dire d'avoir du courage, quand tout va de travers pour moi. Y a rien de naturel pour moi, sauf d'être une pauvre créature solitaire.»

Après avoir regardé Mme Gummidge pendant quelques instants avec beaucoup de sympathie, il jeta un coup d'œil sur le coucou, se leva, moucha la bougie et la plaça devant la fenêtre.

«Et voilà! dit-il joyeusement. Mame Gummidge (Mme Gummidge poussa encore un faible gémissement), nous voilà illuminés comme d'habitude!... Vous vous demandez à quoi ça sert, monsieur! Eh bien! c'est pour notre petite Emily. Vous savez, le chemin n'est pas tellement éclairé ni tellement gai, après la tombée de la nuit; alors, quand je suis ici à l'heure où elle rentre, je mets la lumière à la fenêtre. Et, voyez-vous, ça répond à deux intentions: Emily, elle se dit: "Voilà la maison!" qu'elle se dit, et en plus Emily, elle se dit: "Mon oncle est là!"... parce que, si je suis pas là, je fais jamais voir de lumière. Vous allez peut-être dire que je me conduis comme un enfant, monsieur. Ma foi, je suis pas éloigné de croire que j'en suis un, d'enfant, pour tout ce qui touche à Emily... On le dirait pas à me regarder, mais à... à y réfléchir, vous comprenez. Pour moi, ça m'est bien égal, parbleu! Tenez, je vais vous dire une chose, quand je vais faire un tour dans la jolie maison de notre Emily, toute préparée pour quand elle sera mariée, j'ai vraiment l'impression que les plus petits objets, c'est presque elle. Je les soulève, et je les repose, et je les manie délicatement comme si c'était notre Emily. Et pareil pour les petits chapeaux et toutes ces choses-là. Je pourrais pas supporter de voir traiter brutalement, exprès, un seul de ces objets-là... non, pas pour un empire.»

«A mon avis, voyez-vous, dit M. Peggotty d'un air ravi, après s'être frotté les jambes, c'est parce que j'ai tellement joué avec elle, en faisant semblant qu'on serait des Turcs et des Français, et des requins, et des étrangers en tous genres... parbleu! oui; et des lions, et des baleines et je sais pas quoi encore!... quand elle était pas plus haute que mon genou. J'en ai pris l'habitude, comprenez-vous. Tenez, cette bougie, par exemple! dit M. Peggotty en tendant allègrement la main vers elle, je sais très bien, moi, que quand elle sera mariée et partie, je mettrai la bougie à cet endroit-là, exactement comme maintenant, et je resterai assis devant le feu, en faisant semblant d'attendre Emily, comme en ce moment. Tenez, en cet instant même, quand je vois scintiller la bougie, je me dis en moi-même: "Elle la regarde! C'est Emily qui arrive!" Et j'ai raison tout de même, dit M. Peggotty en s'interrompant au milieu d'un éclat de rire et en battant des mains, car la voilà!»

Non. C'était seulement Ham. Le temps avait dû devenir plus humide depuis que j'étais arrivé, car il portait un grand suroît, dont le bord était rabattu sur sa figure.

«Où est Emily?» demanda M. Peggotty.

Ham fit un signe de tête, comme pour indiquer qu'elle était dehors. M. Peggotty prit la bougie à la fenêtre, la moucha, la posa sur la table, et il s'occupait à secouer le feu quand Ham, qui n'avait pas bougé, me dit:

«M'sieur Davy, voulez-vous sortir une minute, pour voir ce qu'on a à vous montrer, nous deux avec Emily?»

En passant devant lui, je vis avec stupeur et crainte qu'il était pâle comme la mort. Il referma la porte derrière nous... derrière nous deux seulement.

«Ham! que se passe-t-il?»

«Mon amour, m'sieur Davy... la fierté et l'espoir de mon cœur... elle pour qui j'aurais voulu mourir et pour qui je voudrais mourir maintenant... elle est partie!»

«Partie!»

«Emily s'est enfuie! Vous êtes instruit, vous, me dit-il précipitamment, alors vous savez ce qu'il convient de faire. Qu'est-ce que je dois dire à la famille? Comment je vais jamais pouvoir lui annoncer cette nouvelle, à lui, m'sieur Davy?»

Je vis la porte bouger, et j'essayai instinctivement de retenir le loquet pour gagner un moment. Il était trop

tard. M. Peggotty passa la tête au-dehors et, dussé-je vivre cinq cents ans que je n'oublierais jamais l'altération de ses traits quand il nous vit.

Je me rappelle un grand cri et un gémissement, et les femmes assemblées autour de lui, et nous tous debout dans la salle: moi, avec à la main une lettre décachetée que m'avait remise Ham; M. Peggotty avec son gilet ouvert violemment, les cheveux en désordre, le visage et les lèvres d'une pâleur extrême, et du sang qui lui coulait sur la poitrine (je crois que ce sang avait jailli de sa bouche).

«Lisez-la, monsieur, me dit-il d'une voix sourde et tremblante... Lentement, s'il vous plaît. Je suis pas sûr de pouvoir comprendre.»

Au milieu d'un silence de mort, je lus ce qui suit, sur la lettre couverte de taches que m'avait donnée Ham:

«*Quand tu verras ces lignes, toi qui m'aimes tellement plus que je ne l'ai jamais mérité, même au temps où mon cœur était innocent, je serai bien loin! Quand je quitterai mon cher foyer... oh! mon très très cher foyer... demain matin...*

(La lettre était datée de la veille.)

...ce sera pour ne jamais revenir, à moins qu'il ne fasse de moi une grande dame avant de me ramener. On trouvera cette lettre au lieu de moi, demain soir, bien des heures après mon départ. Ah! par pitié, dis à mon oncle que je ne l'ai jamais aimé moitié autant qu'aujourd'hui. Ah! oublie que nous ayons jamais dû nous marier... et essaye de penser à moi comme si j'étais morte quand j'étais petite, et comme si j'avais été enterrée quelque part. Prie le Ciel, dont je m'éloigne, qu'il prenne pitié de mon oncle! Sois un réconfort pour lui. Aime une brave fille, qui sera ce que j'ai jadis été pour mon oncle, et qui te sera fidèle, et qui sera digne de toi, et tu ne connaîtras pas d'autre honte que la mienne. Dieu vous bénisse tous! Je prierai pour vous tous, souvent, à genoux. S'il ne fait pas de moi une grande dame, et que je ne puisse pas prier pour moi-même, je prierai pour vous tous! Et toute mon affection pour mon oncle. Mes dernières larmes, et mes derniers remerciements, pour mon oncle!»

C'était tout.

Il resta debout, longtemps après que j'eus fini de lire, en me regardant toujours.

Lentement, il finit par détourner les yeux de mon visage et promena son regard autour de la pièce.

«Quel est cet homme? Je veux savoir son nom.»

Ham me jeta un coup d'œil, et soudain je ressentis un choc.

«M'sieur Davy, me dit Ham sur un ton suppliant, sortez un instant et laissez-moi lui dire ce que j'ai à lui dire. Il faut pas que vous entendiez ça, monsieur.»

Je m'effondrai sur une chaise et j'essayai d'émettre une réponse; mais ma langue était paralysée et ma vue se troublait. Car je comprenais que l'homme était mon ami – l'ami que j'avais malheureusement introduit dans cette maison – Steerforth, mon vieux condisciple et mon ami.

«Je veux savoir son nom!»

«L'ami à M'sieur Davy. C'est lui. M'sieur Davy, s'écria Ham d'une voix brisée, c'est pas de votre faute... et je suis loin de vous le reprocher... mais il s'appelle Steerforth, et c'est un ignoble scélérat!»

M. Peggotty ne fit plus un geste jusqu'au moment où il parut s'éveiller de nouveau, tout d'un coup, et prit son pauvre manteau sur la patère à laquelle il était suspendu dans un coin.

«Donnez-moi un coup de main! Je suis anéanti, et je peux pas y arriver, dit-il impatiemment. Donnez-moi un coup de main, aidez-moi. Bon! dit-il quand quelqu'un l'eut aidé. Et maintenant, donnez-moi donc mon chapeau!» Ham lui demanda où il allait.

«Je m'en vais chercher ma nièce. Je m'en vais chercher mon Emily. Je m'en vais d'abord défoncer la coque de ce fameux bateau, et le faire couler là où j'aurais ennoyé son propriétaire, aussi vrai que je suis vivant, si j'avais eu la moindre idée de ce qu'il avait dans la tête! Quand il était assis devant moi dans ce bateau, dit-il d'un air égaré, en tendant son poing droit serré, face à face, le diable m'emporte si c'est pas vrai que je l'aurais ennoyé! et en croyant faire une bonne action! Je m'en vais chercher ma nièce!»

«Où?» s'écria Ham en se plaçant devant la porte.

«N'importe où! Je m'en vais chercher ma nièce dans le monde entier. Je m'en vais aller trouver ma pauvre nièce dans son déshonneur, et la ramener ici pour la réconforter et lui pardonner. Que personne m'arrête! Je vous dis que je m'en vais chercher ma nièce!»

Mme Gummidge se mit entre Ham et lui, en proie à une crise de larmes. «Non, non, Daniel, pas dans l'état que vous êtes. Allez la chercher un peu plus tard, mon pauvre Daniel solitaire, et ça sera que normal! mais pas dans l'état que vous êtes tout de suite. Asseyez-vous, et accordez-moi votre pardon pour tous les désagréments que j'ai jamais pu vous causer, Daniel (qu'est-ce que toutes mes contrariétés ont pu être à côté d'un pareil malheur!) et parlons un peu du temps où elle est tombée orpheline, et Ham aussi, et où j'étais une pauvre veuve, et où vous m'avez accueillie. Ça va apaiser votre pauvre cœur, Daniel, et vous supporterez mieux votre chagrin; car vous connaissez la promesse, Daniel: “Ce que vous avez fait au plus petit d'entre eux, c'est à moi que vous l'avez fait”; et cette promesse-là, elle manquera pas de s'accomplir sous le toit qui nous a abrités depuis tant et tant d'années!»

Il était complètement passif à présent; et quand je l'entendis pleurer, l'impulsion que j'avais eue de me laisser tomber à genoux, de leur demander pardon pour la désolation que j'avais causée, et de maudire Steerforth, fit place à de meilleurs sentiments. Mon cœur débordant trouva le même soulagement, et je pleurai aussi.

Chapitre III

A cette époque de ma vie, je vivais dans mon appartement au dernier étage d'une maison de Buckingham Street à Londres, et j'étais éperdument amoureux de Dora. Je vivais principalement de Dora et de café. Mon appétit déclinait et j'en étais heureux, car j'avais l'impression que c'eût été une trahison envers Dora que de prendre plaisir à mon repas. J'achetai quatre gilets somptueux (pas pour moi... ils ne me causaient aucune fierté... pour Dora), je me mis à sortir avec des gants de chevreau beurre frais, et je posai les fondements de tous les cors que j'ai jamais eus. Si seulement les chaussures que je portai à cette époque pouvaient être exhibées et comparées aux dimensions naturelles de mes pieds, elles montreraient de façon fort émouvante quel était l'état de mon cœur.

Mme Crupp, la tenancière de mon logis, devait être une femme perspicace; car, alors que cet amour ne datait que de quelques semaines, elle découvrit la vérité. Elle vint me trouver un soir où mon moral était très bas pour me demander si je pourrais avoir l'obligeance de lui donner (car elle souffrait ce jour-là de ses spasmes) un peu de teinture de cardamome, mêlée à de la rhubarbe, et parfumée à l'aide de sept gouttes d'essence de girofle, ce qui était le meilleur remède pour son malaise; ou alors, si je n'en avais pas chez moi, un peu d'eau-de-vie, car, faute de cette mixture, c'était ce qu'il y avait de mieux. Comme je ne connaissais absolument pas le premier de ces médicaments, même de nom, et que j'avais toujours le second dans mon placard, je donnai un verre de ce dernier à Mme Crupp, qui (afin que je ne pusse pas la soupçonner d'en faire un mauvais usage) commença à le prendre devant moi.

«Du courage, monsieur, dit Mme Crupp. Excusez-moi. Je sais ce que c'est, monsieur. Il y a une dame dans l'histoire.»

«Madame Crupp!» répondis-je en rougissant.

«Ah! mon Dieu, dit Mme Crupp avec un signe de tête encourageant. Tenez bon, monsieur. Ne vous laissez pas abattre, monsieur! Si ce n'est pas Elle qui vous sourit, vous en trouverez bien d'autres. Vous êtes un jeune homme à qui les femmes ne peuvent pas ne pas sourire, monsieur Copperfull, et il faut que vous appreniez à savoir ce que vous valez, monsieur.»

Mme Crupp m'appelait toujours M. Copperfull (en premier lieu, sans aucun doute, parce que ce n'était pas mon nom; et en second lieu, j'ai tendance à le croire, en vertu de quelque vague association d'idées avec un jour de lessive).

«Qu'est-ce qui vous donne à penser qu'il y a une jeune femme dans cette affaire, madame Crupp?» demandai-je.

«Monsieur Copperfull, dit Mme Crupp avec beaucoup d'émotion, je suis mère, moi aussi. Vos chaussures sont trop petites et votre ceinture trop courte, et vous ne mangez pas assez, monsieur, et vous ne buvez pas assez non plus. Monsieur, poursuivit Mme Crupp sur un ton presque sévère, j'ai lavé le linge d'autres jeunes gens que vous. Sans aller plus loin, il y a le monsieur qui est mort ici avant vous; il était tombé amoureux (d'une fille de comptoir) et il a fait rétrécir ses gilets immédiatement, et pourtant il était tout gonflé par la boisson.»

«Madame Crupp, dis-je, je dois vous prier de ne pas associer la demoiselle dont il s'agit dans mon cas avec une fille de comptoir, ou avec toute autre personne de ce genre, s'il vous plaît.»

«Monsieur Copperfull, répondit Mme Crupp, je suis mère, moi aussi, et vous n'avez rien à craindre. Je vous demande pardon, monsieur, si je suis indiscrète. Je veux jamais me mêler d'une affaire sans y être invitée. Mais vous êtes un jeune homme, monsieur Copperfull, et si j'ai un conseil à vous donner, c'est le suivant: reprenez courage, monsieur, tenez bon, et n'oubliez pas ce que vous valez. Vous devriez vous mettre à jouer à quelque chose, monsieur, vous mettre à jouer aux quilles, par exemple; c'est bon pour la santé, et vous verriez que ça pourrait vous changer les idées et vous faire du bien.»

Je détournai la conversation en informant Mme Crupp que je souhaitais recevoir à dîner le lendemain mon estimable ami Traddles ainsi que M. et Mme Micawber. Et je me permis de suggérer deux soles, un petit gigot de mouton et un pâté de pigeon. Mme Crupp se révolta brusquement la première fois que je fis timidement allusion à l'idée qu'elle pourrait faire cuire le poisson et la viande. Mais finalement un compromis intervint, et Mme Crupp consentit à accomplir cet exploit, à condition que je m'engage à dîner au restaurant pendant les deux semaines suivantes.

Ayant amassé les matériaux nécessaires pour permettre à M. Micawber de confectionner un bol de punch; m'étant procuré une bouteille d'eau de lavande, deux bougies, un paquet d'épingles assorties et une pelote à épingles, que je posai sur ma coiffeuse pour faciliter la toilette de Mme Micawber; ayant aussi fait allumer du feu dans ma chambre pour la commodité de Mme Micawber; et ayant mis le couvert de mes propres mains, j'attendis avec calme le résultat de ces préparatifs.

A l'heure dite, mes trois visiteurs arrivèrent ensemble: M. Micawber avec un faux-col plus imposant que d'habitude et un ruban neuf à son monocle; Mme Micawber avec son bonnet enveloppé de papier d'emballage; Traddles portant ce bonnet et donnant le bras à Mme Micawber. Ils furent tous enchantés par ma résidence. Quand je conduisis Mme Micawber à ma coiffeuse, et qu'elle vit de quelle façon grandiose je l'avais apprêtée pour elle, elle fut tellement ravie qu'elle appela M. Micawber et lui demanda de venir voir.

«Mon cher Copperfield, me dit M. Micawber, voici qui est luxueux. C'est un mode de vie qui me rappelle

la période où je me trouvais moi-même dans la condition de célibataire. Je suis installé à présent sur ce qu'on peut appeler une échelle petite et modeste; mais le fait qu'au cours de ma carrière j'ai surmonté des difficultés et vaincu des obstacles ne vous est pas inconnu. Vous n'ignorez pas qu'il y a eu des périodes de ma vie où il était nécessaire pour moi de faire une pause, en attendant que se présentassent certaines circonstances escomptées; où il m'a fallu reculer avant de faire ce que je désignerai (sans m'exposer, j'en suis sûr, au reproche de présomption) comme un bond en avant. Le moment présent est pour moi une de ces étapes décisives dans la vie d'un homme. Vous me trouvez rejeté en arrière à seule fin de faire un bond en avant; et j'ai tout lieu de penser qu'un élan vigoureux en résultera prochainement.»

J'informai M. Micawber que je comptais sur lui pour faire un bol de punch et je le conduisis devant les citrons. Jamais je n'ai vu personne être aussi parfaitement heureux que lui, tandis qu'il remuait et mélangeait et goûtait, et semblait faire, plutôt que du punch, la fortune de sa famille jusqu'à la postérité la plus reculée. Quant à Mme Micawber, je ne sais si c'était l'effet de son bonnet, ou de l'eau de lavande, ou des épingles, ou du feu, ou des bougies, mais quand elle sortit de ma chambre, elle était (relativement) jolie.

Je suppose (je n'ai jamais eu l'audace de lui poser la question) que Mme Crupp, après avoir fait frire les soles, eut un malaise. Car le repas s'effondra à partir de ce point. Quand le gigot de mouton nous arriva, il était très rouge à l'intérieur et très pâle à l'extérieur; outre qu'il était saupoudré d'une substance étrangère, de nature sablonneuse, comme s'il avait subi une chute parmi les cendres. Mais nous n'eûmes pas le moyen de savoir ce qu'il en était d'après l'état du jus de viande, étant donné qu'il avait été en totalité répandu dans l'escalier. Le pâté de pigeon n'était pas mauvais, mais c'était un pâté fallacieux, car la croûte était comme une tête décevante (pour parler en termes de phrénologie), pleine de bosses et de rotondités sous lesquelles il n'y avait pas grand-chose d'intéressant. Bref, le banquet fut un tel désastre que j'aurais été tout à fait malheureux (malheureux à cause de ce désastre, veux-je dire, car j'étais toujours malheureux à cause de Dora) si je n'avais été soulagé par l'excellente humeur de mes invités et par une suggestion lumineuse de M. Micawber.

«Mon cher ami Copperfield, me dit M. Micawber, il peut arriver des accidents dans les familles les mieux organisées; et surtout dans les familles qui ne sont pas soumises à cette influence pénétrante qui sanctifie en même temps qu'elle exalte les... heu... bref, voulais-je dire, par l'influence de la Femme, en sa noble qualité d'Épouse. Si vous avez l'indulgence de me permettre de faire remarquer qu'il existe peu de comestibles supérieurs en leur genre à une grillade épicée, et que je crois que, moyennant une petite division du travail, nous pourrions en confectionner une fort bonne si la jeune personne qui assure le service pouvait nous procurer un gril, ne pensez-vous pas que ce petit malheur serait facile à réparer?»

Il y avait un gril dans l'office, qui servait à faire cuire ma tranche de bacon chaque matin. En un clin d'œil, il fut apporté. Traddles découpait le mouton en tranches; M. Micawber les couvrait de poivre, de sel, de moutarde et de cayenne, je les plaçais sur le gril, les retournais avec une fourchette et les retirais, suivant les instructions de M. Micawber; et Mme Micawber faisait chauffer dans une petite casserole un peu de ketchup aux champignons. Dans ces circonstances mon appétit personnel revint miraculeusement. J'ai honte de le raconter, mais je crois réellement que j'oubliai Dora pendant un petit moment.

«Le punch, mon cher Copperfield, me dit M. Micawber en le goûtant dès que le dîner fut terminé, est comme le temps et la marée, il n'attend personne. Ah! il est plein de saveur en ce moment. Ma chérie, veux-tu me donner ton opinion?»

Mme Micawber déclara qu'il était excellent.

«Comme nous sommes tout à fait dans l'intimité, monsieur Copperfield, dit Mme Micawber en buvant son punch à petites gorgées, puisque M. Traddles fait partie de notre cercle familial, j'aimerais beaucoup avoir votre avis sur l'avenir de M. Micawber. J'ai consulté plusieurs branches de ma famille à propos de l'attitude qu'il serait le plus opportun pour M. Micawber d'adopter, et l'on m'a répondu que M. Micawber devrait immédiatement porter son attention sur le charbon.»

«Sur quoi, madame?»

«Sur le charbon, dit Mme Micawber. Sur le commerce du charbon. M. Micawber a été conduit à penser, renseignements pris, que le commerce du charbon pourrait offrir un débouché à un homme de talent comme lui dans la région de la Medway. Alors, comme l'a très justement dit M. Micawber, la première mesure à prendre était évidemment de venir voir la Medway de nos propres yeux. Nous sommes venus la voir. Je dis "nous", monsieur Copperfield, car jamais je n'abandonnerai M. Micawber. Je suis épouse et mère, et je n'abandonnerai jamais M. Micawber.»

Nous fîmes entendre, Traddles et moi, un murmure d'admiration.

«Telle est, dit Mme Micawber, telle est du moins, mes chers messieurs Copperfield et Traddles, l'idée que je me fais des obligations que j'ai assumées quand j'ai récité les paroles irrévocables: "Moi, Emma, je te prends pour époux, toi, Wilkins!" J'avais relu l'office nuptial la veille au soir, à la lumière d'une bougie plate, et la conclusion que j'en avais tirée était que jamais je ne pourrais ni ne voudrais abandonner M. Micawber.»

«Ma chérie, dit M. Micawber avec un peu d'impatience, je n'ai pas connaissance qu'on t'ait demandé de faire rien de tel.»

«Nous sommes venus, répéta Mme Micawber, et nous avons vu la Medway. Mon opinion sur le commerce du charbon aux abords de ce fleuve est la suivante: il est possible qu'il demande du talent, mais il est certain qu'il demande des capitaux. Du talent, M. Micawber en a; des capitaux, M. Micawber n'en a pas. Nous avons vu, je crois, la plus grande partie de la Medway; et telle est ma conclusion personnelle. Ma famille a alors été d'avis que M. Micawber devrait s'intéresser à la vente du blé à la commission. Cependant le commerce du blé, comme je l'ai fréquemment déclaré à M. Micawber, est peut-être distingué, mais il n'est pas rémunérateur. Une commission qui s'élève à deux shillings et neuf pence en l'espace de quinze jours ne peut pas, quelle que soit la modestie de nos ambitions, être considérée comme rémunératrice.»

Nous fûmes tous d'accord sur ce point.

«Donc, dit Mme Micawber, qui s'enorgueillissait de la clarté de ses vues, et de la façon dont sa sagesse féminine maintenait M. Micawber sur le droit chemin, alors que sans elle il aurait risqué d'emprunter des voies détournées, donc je promène tout naturellement un regard circulaire sur le monde et je dis: "Quelle est la branche dans laquelle une personne possédant autant de talent que M. Micawber a des chances de réussir?" Peut-être suis-je convaincue, monsieur Copperfield, que les manières de M. Micawber le rendent particulièrement qualifié pour les affaires bancaires. Peut-être, raisonnant en moi-même, me dis-je que si j'avais un dépôt dans une banque, les manières de M. Micawber en tant que représentant de cette banque m'inspireraient confiance et élargiraient la clientèle. Mais si les diverses banques refusent de profiter des aptitudes de M. Micawber, ou reçoivent avec mépris l'offre de ses services, à quoi bon s'appesantir sur cette idée? Cela ne sert à rien. Pour ce qui est de fonder une banque, peut-être sais-je qu'il y a des membres de ma famille qui, s'ils décidaient de placer leur argent entre les mains de M. Micawber, pourraient créer un établissement de ce genre. Mais s'ils ne veulent pas placer leur argent entre les mains de M. Micawber (et ils ne le veulent pas), à quoi bon cette idée? Encore une fois, je prétends que nous ne sommes pas plus avancés qu'au début.»

Je hochai la tête, et je dis: «Absolument.» Traddles aussi hocha la tête et dit: «Absolument.»

«Que dois-je déduire de tout cela? poursuivit Mme Micawber, toujours avec le même air d'exposer lumineusement une situation. Quelle est la conclusion, mon cher monsieur Copperfield, à laquelle je suis irrésistiblement amenée? Ai-je tort de dire qu'il est évident qu'il faut que nous vivions?»

Je répondis: «Nullement!» et Traddles répondit: «Nullement!» et ensuite je me trouvai en train d'ajouter sentencieusement, tout seul, qu'il fallait vivre ou mourir.

«Exactement, répondit Mme Micawber. Précisément. Or voici que M. Micawber n'a aucune situation

ni aucun emploi convenable. Qui en porte la responsabilité? La société, évidemment. Alors je voudrais faire connaître une situation aussi scandaleuse et mettre hardiment la société au défi d'y porter remède. Il me semble, mon cher monsieur Copperfield, que ce que doit faire M. Micawber, c'est jeter le gant à la société et dire, en substance: "Montrez-moi qui va le relever. Que le volontaire s'avance immédiatement!" Il me semble que ce que M. Micawber doit faire, c'est mettre des annonces dans tous les journaux; se décrire simplement comme un tel, ayant telle et telle qualités, et présenter ainsi la question: "Et maintenant engagez-moi, à des conditions avantageuses, et adressez les réponses, port payé, à *W. M.*, Poste Restante, Camden Town." Et pour cela je crois que M. Micawber devrait emprunter une certaine somme d'argent... sur un billet à ordre. Si aucun membre de ma famille ne possède assez de générosité naturelle pour négocier ce billet, alors, à mon avis, M. Micawber devrait se rendre dans la Cité, introduire ce billet sur le Marché des Titres, et le céder pour ce qu'on voudrait bien lui en donner.»

Je sentis, mais je ne sais certes pas pourquoi, que cette attitude était une preuve d'abnégation et de dévouement de la part de Mme Micawber, et je murmurai quelque chose en ce sens. Traddles, qui s'inspirait de mon exemple, fit de même, et réellement, j'eus l'impression que c'était une noble femme... de celles qui auraient pu être des matrones romaines, et accomplir toute espèce d'actions héroïques au service de la nation.

Sous le coup de cette impression chaleureuse, je félicitai M. Micawber de posséder pareil trésor. Traddles fit de même. M. Micawber nous tendit la main, chacun à notre tour, puis il se cacha le visage dans son mouchoir qui, je crois, portait plus de traces de tabac à priser qu'il ne s'en rendait compte. Il revint ensuite à son punch, au comble de la gaieté.

Mme Micawber nous fit le thé de façon fort agréable; et après le thé, nous discutâmes diverses questions devant le feu; et Mme Micawber eut la bonté de nous chanter (d'une petite voix fluette que je me rappelle avoir considérée, au début de mes relations avec elle, comme une vraie petite bière de l'acoustique) les ballades populaires "Le Fougueux Sergent Blanc" et "La Petite Tafflin". Pour ces deux chansons, Mme Micawber était réputée quand elle habitait chez elle avec son papa et sa maman. M. Micawber nous déclara que, quand il l'avait entendue chanter "Le Sergent", la première fois qu'il l'avait vue sous le toit paternel, elle avait attiré son attention à un degré extraordinaire; mais que, lorsqu'elle en était arrivée à "La Petite Tafflin", il avait résolu de conquérir cette femme, ou de périr à la tâche.

C'est entre dix et onze heures que Mme Micawber se leva pour replacer son bonnet dans l'empaquetage et pour mettre son chapeau ordinaire. M. Micawber saisit ce moment pour me glisser une lettre dans la main en me demandant à voix basse de la lire quand j'en aurais le temps. De mon côté, je saisis le moment où j'élevais une bougie au-dessus de la rampe pour guider leur descente, M. Micawber marchant en tête et conduisant Mme Micawber, pour retenir Traddles quelques instants sur le palier.

«Traddles, lui dis-je, M. Micawber ne pense pas à mal, mais si j'étais toi, je ne lui prêterais rien.»

«Mon cher Copperfield, répondit Traddles en souriant, je n'ai rien à prêter.»

«Tu as un nom, comprends-tu», dis-je.

«Ah! Tu considères un nom comme une chose qu'on peut prêter?» répondit Traddles d'un air pensif.

«Assurément.»

«Ah! dit Traddles. Oui, bien sûr! Je te suis très obligé, Copperfield; mais... je crains de lui avoir déjà prêté le mien!»

«Pour le billet à ordre qui doit être un placement sûr?» demandai-je.

«Non, dit Traddles. Pas pour celui-là. Celui-là, c'est la première fois que j'en entends parler. J'étais en train de me dire qu'il va probablement me proposer celui-là sur le chemin du retour. C'est pour un autre billet que j'ai donné mon nom.»

«J'espère que tu n'auras pas d'ennuis à ce sujet», dis-je.

«Je l'espère aussi, dit Traddles. Je pense que non, d'ailleurs, car il m'a dit, il y a seulement quelques jours, que ce billet était couvert. Telle a été l'expression employée par M. Micawber: "Couvert".»

Comme M. Micawber leva les yeux à cet instant critique, je n'eus que le temps de répéter mon avertissement. Traddles me remercia, et descendit. Mais quand j'observai la bonhomie avec laquelle il s'éloignait, bonnet en main, et offrait son bras à Mme Micawber, j'eus grand-peur qu'il ne se laissât traîner sur le Marché des Titres, pieds et poings liés.

Je revins au coin de mon feu et je lus la lettre de M. Micawber, qui avait été écrite une heure et demie avant le dîner. Je ne suis pas sûr d'avoir déjà dit que quand M. Micawber traversait une crise particulièrement aiguë, il employait une espèce de phraséologie légale, qu'il paraissait considérer comme équivalant à la mise en ordre de ses affaires.

«*Monsieur... car je n'ose dire mon cher Copperfield,*

Il sied que soyez informé que le soussigné est Anéanti. Peut-être observerez-vous chez lui ce soir quelques efforts éphémères pour vous épargner la connaissance prématurée de sa situation désespérée, mais l'espoir a disparu de l'horizon, et le soussigné est Anéanti.

La présente missive est rédigée à proximité immédiate (je ne puis dire dans la compagnie) d'un individu qui est dans un état approchant de très près de l'ébriété et qui est au service d'un huissier. Cet individu a pris légalement possession des lieux, en vertu d'un arrêt de saisie pour défaut de paiement de loyer.

Son inventaire comprend non seulement les biens et effets mobiliers de toute espèce appartenant au soussigné, en tant que locataire (à l'année) de cette habitation, mais aussi ceux qui sont la propriété de M. Thomas

Traddles, pensionnaire, membre de l'Honorable Société de l'École de Droit. S'il manquait une goutte de ténèbres dans la coupe débordante qui est actuellement "offerte" (selon le mot d'un immortel Écrivain) aux lèvres du soussigné, il la trouverait dans le fait qu'un billet à ordre amicalement consenti au soussigné par le susnommé M. Thomas Traddles, pour la somme de vingt-trois livres, quatre shillings et neuf pence et demi, est échu, et n'est absolument pas couvert. Et aussi dans le fait que les responsabilités vivantes accrochées à la personne du soussigné doivent être, suivant le cours de la nature, augmentées par l'addition d'une nouvelle victime innocente, qu'on peut s'attendre à voir faire sa misérable apparition, en chiffres ronds, au terme d'une période n'excédant pas six mois lunaires à compter d'aujourd'hui.
Après de telles prémisses, ce serait un acte surérogatoire d'ajouter que la poussière et les cendres sont à jamais répandues Sur la Tête de WILKINS MICAWBER.»

Chapitre IV

Rarement je m'éveillais la nuit, rarement je levais les yeux vers la lune ou vers les étoiles, rarement je regardais la pluie tomber, rarement j'entendais le vent, sans penser à la silhouette solitaire de l'honnête pêcheur, pauvre pèlerin, peinant sur sa route, et sans me rappeler ses paroles: «Je m'en vais chercher ma nièce. Je m'en vais la chercher au loin.»

Des mois avaient passé; il était resté absent, on ne savait où, pendant tout ce temps.

La journée avait été glaciale à Londres, et un vent cinglant du nord-est avait soufflé. Le vent était tombé en même temps que la nuit, et c'est ainsi que la neige était arrivée. Mon itinéraire le plus court pour rentrer chez moi (et je pris naturellement l'itinéraire le plus court par un soir comme celui-là) passait par Saint-Martin's Lane. Sur les marches de l'église il y avait une silhouette d'homme. J'avais en face de moi M. Peggotty!

«M'sieur Davy! dit-il en m'empoignant vigoureusement la main. Ça me fait chaud au cœur de vous voir, monsieur. Heureuse rencontre, heureuse rencontre!»

«Heureuse rencontre, mon cher vieil ami!»

«J'avais pensé à venir demander après vous ce soir, monsieur, dit-il, mais c'était trop tard. Je serais venu demain matin de bonne heure, monsieur, avant de repartir.»

«Encore?»

«Oui, monsieur, dit-il en hochant la tête avec résignation, je m'en vais demain.»

A cette époque, il y avait une entrée latérale donnant sur la cour des écuries de la Croix d'Or. Deux ou trois salles publiques de l'auberge ouvraient sur cette cour des écuries; je jetai un regard sur l'une d'elles et, voyant qu'elle était inoccupée et qu'un bon feu y brûlait, je l'y fis entrer.

«Je vais vous dire, m'sieur Davy, tous les endroits que je suis allé, et tout ce qu'on a appris. Je suis allé très loin et on a pas appris grand-chose; mais je vais vous dire tout ça!»

Tandis qu'il songeait, il y avait sur son visage une belle expression de gravité massive que je ne m'aventurai pas à troubler.

«Voyez-vous, monsieur, quand elle était enfant, dit-il en relevant la tête, elle me parlait pas mal de la mer, et de ces côtes où la mer arrive à être d'un bleu foncé et où elle s'étend, toute brillante, brillante, au soleil. Quand elle a été... perdue, j'ai su dans ma tête qu'il allait l'emmener vers ces pays-là. J'ai su dans ma tête qu'il avait dû lui raconter des merveilles à leur sujet, et comme quoi elle allait devenir une grande dame là-bas, et comme quoi c'était en lui parlant de choses comme ça qu'il l'avait amenée à l'écouter au début. J'ai traversé la Manche pour aller en France, et là, j'ai débarqué, comme si je tombais du ciel. J'ai trouvé un monsieur anglais qu'avait des pouvoirs officiels, et j'y ai dit que j'allais chercher ma nièce. Il m'a procuré les papiers qu'il me fallait pour poursuivre mon voyage (je sais pas exactement comment ça s'appelle), et il aurait voulu me donner de l'argent, mais ça, Dieu merci, j'en avais pas besoin. Je l'ai remercié chaleureusement pour tout ce qu'il avait fait, je vous assure! J'y ai dit, de mon mieux, toute ma reconnaissance, et j'ai traversé la France pour chercher ma nièce.»

«Seul, et à pied?» demandai-je.

«La plupart du temps à pied, répondit-il; des fois dans des charrettes avec des gens qui allaient au marché, et des fois dans des diligences vides. J'ai fait pas mal de milles par jour à pied, et souvent avec un pauvre soldat ou autre, qui voyageait pour aller voir ses amis. Je pouvais pas lui parler, ni lui à moi; mais enfin, on se tenait compagnie l'un à l'autre, sur les routes poussiéreuses. Quand j'arrivais dans une ville, je cherchais l'auberge, et j'attendais dans la cour jusqu'à temps qu'il arrive quelqu'un (et ça se produisait presque toujours) qui parlait anglais. Alors je leur racontais comme quoi j'étais en route pour aller chercher ma nièce, et ils me disaient ce qu'il y avait comme gens du monde dans la maison, et j'attendais pour voir entrer ou sortir tous ceux qui avaient une ressemblance avec elle. Quand je voyais que c'était pas Emily, je me remettais en route. Peu à peu, quand j'arrivais dans certains nouveaux villages, parmi les pauvres gens, je m'apercevais qu'ils avaient entendu parler de moi. Ils me faisaient asseoir devant la porte de leurs petites maisons, et ils me donnaient tout ce qu'ils pouvaient à manger et à boire et ils me montraient des endroits pour dormir; et y a bien des femmes, m'sieur Davy, qu'avaient eu une fille à peu près du même âge qu'Emily, et que j'ai trouvées à m'attendre au pied de la Croix de Notre Seigneur, à la sortie du village, pour me traiter avec tout autant de bonté. Y en avait qu'avaient eu des filles qu'étaient mortes. Et Dieu seul sait ce que ces mères-là, elles ont été bonnes pour moi!»

Je posai ma main tremblante sur la main qu'il avait placée devant son visage. «Merci, monsieur, me dit-il, faites pas attention à ça.»

«Finalement, reprit-il, je suis arrivé à la mer. Ça n'a pas été difficile, vous pensez bien, à un vieux loup de mer comme moi de trouver du travail sur un bateau pour aller en Italie. Quand j'y suis arrivé, j'ai continué à voyager comme avant. J'ai appris qu'on l'avait vue dans les montagnes, là-bas en Suisse. Je me suis dirigé vers ces montagnes, m'sieur Davy, en marchant jour et nuit. Mais plus j'avançais, plus les montagnes avaient l'air de fuir loin de moi. Mais j'ai fini par les atteindre et je les ai traversées. J'ai jamais douté d'elle.

Non! Pas un seul instant! Qu'elle puisse seulement voir ma figure... qu'elle entende seulement ma voix... Qu'en me présentant devant elle, je puisse seulement la faire repenser au foyer d'où elle s'est enfuie et à l'enfant qu'elle a été... et même si elle était devenue une grande dame de famille royale, elle serait tombée à mes pieds! Je le savais bien. J'ai acheté une robe de paysanne pour la lui mettre. Lui mettre cette robe, et jeter celle qu'elle aurait sur elle... lui donner le bras de nouveau, et voyager vers la maison... en m'arrêtant des fois sur la route pour panser ses pieds meurtris et son cœur encore plus cruellement meurtri... je ne pensais plus qu'à ça maintenant. Mais, m'sieur Davy, ça ne devait pas se produire, pas encore! Je suis arrivé trop tard, et ils étaient partis. Où? On a pas pu me le dire. Y en avait qui disaient dans tel endroit, d'autres dans tel autre. J'ai voyagé jusqu'au premier endroit, j'ai voyagé jusqu'au second; mais j'ai pas trouvé d'Emily, et je suis rentré à la maison.»

«Depuis combien de temps?», demandai-je.

«Quelque chose comme quatre jours, dit M. Peggotty. J'ai aperçu le vieux bateau après la tombée de la nuit, et je vous assure que j'aurais jamais cru que le vieux bateau serait tellement changé!»

D'une poche intérieure il tira précautionneusement une petite liasse de papiers, composée de deux ou trois lettres ou petits paquets, qu'il posa sur la table.

«C'est cette excellente créature de Mame Gummidge qui me les a données. Celle-là, la première, dit-il en

la séparant des autres, est arrivée moins d'une semaine après mon départ... un billet de cinquante livres, dans une feuille de papier, adressée à moi et glissée sous la porte pendant la nuit. Elle a essayé de déguiser son écriture, mais elle pouvait pas me la cacher à moi! Celle-là est arrivée pour Mame Gummidge, dit-il en ouvrant une autre lettre, il y a deux ou trois mois... cinq livres.»

Le billet était intact, comme le premier, et il les replia tous les deux.

«Est-ce une autre lettre que vous avez à la main?» demandai-je.

«C'est encore de l'argent, monsieur, dit M. Peggotty en dépliant en partie le billet. Dix livres, comme vous le voyez. Et à l'intérieur, les mots: "De la part d'un ami sincère!" Mais les premiers billets avaient été mis sous la porte, et celui-ci est arrivé par la poste, avant-hier. Je vais aller chercher ma nièce à l'endroit indiqué par le cachet de la poste.»

Il me le montra. C'était une ville du haut Rhin. Il avait trouvé, à Yarmouth, des négociants étrangers qui connaissaient ce pays, et ils lui avaient dessiné sur un papier une carte sommaire, qu'il était très capable de comprendre.

Je lui demandai comment se portait Ham.

«Il travaille avec tout le courage possible. On l'a jamais entendu se plaindre. Mais moi, je crois (entre nous soit dit) qu'il a été profondément atteint. Eh bien! dit-il en reprenant son sac, puisque je vous ai vu ce soir, m'sieur Davy (et ça m'a fait du bien!), je m'en irai de bonne heure demain matin. Vous avez vu ce que j'ai là.» Il mit la main sur l'endroit où il avait rangé sa petite liasse de papiers. «Tout ce qui m'inquiète, c'est la pensée qu'il pourrait m'arriver malheur avant que cet argent, il soye restitué. Si je devais mourir, et si l'argent était perdu, ou volé, ou s'il disparaissait d'une façon ou d'une autre, sans que cet homme, il sache jamais que je l'avais pas accepté, je crois que l'autre monde pourrait pas me retenir. Je crois que je serais forcé de revenir!»

Il se leva, et je me levai aussi. Nous nous serrâmes la main avec force encore une fois et, quand nous sortîmes dans la nuit inclémente, tout paraissait garder le silence par respect pour lui, qui reprenait son voyage solitaire dans la neige.

Chapitre V

Pendant tout ce temps j'avais continué à aimer Dora plus ardemment que jamais. Si je puis m'exprimer ainsi, j'étais imprégné de Dora.

Je n'étais pas seulement submergé d'amour pour elle, j'en étais saturé de part en part. Je faisais des promenades nocturnes à Norwood, où elle habitait, et je tournais inlassablement autour de la maison et du jardin pendant des heures, plongeant mon regard à l'intérieur par les fentes de la palissade, hissant mon menton, au prix de vigoureux efforts, au-dessus des clous rouillés plantés au sommet, envoyant des baisers aux fenêtres éclairées, et, de temps à autre, implorant la nuit, en un style romantique, de protéger ma Dora... je ne sais pas exactement contre quoi. Je suppose que c'était contre les incendies; ou peut-être contre les souris, qu'elle détestait particulièrement.

Dora avait une amie discrète, relativement avancée en âge, car elle avait, j'imagine, près de vingt ans. Elle s'appelait Mlle Mills et Dora l'appelait Julia. C'était l'amie intime de Dora. Heureuse Mlle Mills!

Un jour Mlle Mills me dit:

«Dora va venir faire un séjour chez moi. Elle arrivera après-demain. Si cela vous faisait plaisir de nous rendre visite, je suis sûre que papa serait heureux de vous voir.»

Je passai trois jours dans un raffinement de souffrance, et finalement, paré à grands frais pour cette occasion, j'allai chez Mlle Mills, portant en moi une déclaration d'amour.

M. Mills n'était pas là. Je ne m'étais pas attendu à le trouver. Personne n'avait besoin de ce monsieur.

Mlle Mills était là. Je pouvais me contenter de Mlle Mills.

On me conduisit dans une salle du premier étage, où se trouvaient Mlle Mills et Dora. Jip, le petit chien de Dora, était là. Mlle Mills copiait une partition et Dora peignait des fleurs. Quels furent mes sentiments quand je reconnus les fleurs que je lui avais offertes!

Mlle Mills fut très contente de me voir et regretta beaucoup l'absence de son papa, mais j'eus l'impression que nous supportions tous ce désagrément avec courage. Mlle Mills fut loquace pendant quelques minutes, puis elle posa sa plume, se leva et sortit de la pièce.

Je commençai à me dire que j'allais remettre ma déclaration au lendemain.

«J'espère que votre pauvre cheval n'était pas fatigué quand il est rentré l'autre soir de notre pique-nique, dit Dora en levant vers moi ses beaux yeux. Ça faisait une longue distance pour lui.»

Je commençai à me dire que j'allais faire ma déclaration ce jour-là.

«C'était une longue distance pour lui, dis-je, car lui, il n'avait rien pour le soutenir pendant le trajet.»

«N'avait-il rien à manger, le pauvre?» demanda Dora.

Je commençai à me dire que j'allais remettre ma déclaration au lendemain.

«Si, si, dis-je, il était très bien soigné. Je veux dire qu'il n'éprouvait pas le même indicible bonheur que moi à se trouver près de vous.»

Je vis alors qu'il était trop tard pour reculer et que je devais agir sur-le-champ.

«Je ne sais pas pourquoi vous vous souciez d'être près de moi, dit Dora, ni d'ailleurs pourquoi vous appelez cela un bonheur. Mais naturellement vous ne parlez pas sérieusement. Jip, petit vilain, viens ici!»

Je ne sais pas comment je m'y pris. Ce fut fait en un instant. Je barrai la route à Jip. Dora se trouva dans mes bras. J'étais plein d'éloquence. Pas une fois je ne cherchai mes mots. Je lui dis que je l'aimais. Je lui dis que sans elle je mourrais. Je lui dis que je l'adorais et l'idolâtrais. Pendant tout ce temps-là, Jip aboyait comme un fou.

Mon éloquence s'accrut et je dis à Dora que si elle souhaitait me voir mourir pour elle, elle n'avait qu'un mot à dire, car j'étais prêt. Je l'avais aimée à la folie, jour et nuit, à chaque minute, depuis que je l'avais vue pour la première fois. A l'instant où je lui parlais, je l'aimais à la folie. Je l'aimerais toujours à la folie, à chaque minute. Des amoureux avaient aimé avant moi, et d'autres amoureux aimeraient encore; mais jamais aucun amoureux n'avait aimé, n'oserait, ne pourrait, ne devrait ou ne voudrait aimer comme j'aimais Dora.

Plus je délirais, plus Jip aboyait. Chacun de nous, à sa façon, devenait plus insensé d'instant en instant.

Oui, oui! Au bout d'un moment nous nous trouvâmes assis sur le sofa, Dora et moi, assez calmes, et Jip était couché sur ses genoux, et clignait paisiblement les yeux en me regardant. J'avais l'esprit libéré. J'étais dans un état de ravissement complet. Dora et moi nous étions fiancés.

Etant pauvre, j'estimai nécessaire, quand je rendis de nouveau visite à ma bien-aimée, de m'étendre sur ce fâcheux inconvénient. J'eus tôt fait d'introduire la désolation au cœur de notre joie (non que j'en eusse l'intention, mais j'avais l'esprit si plein de ce sujet) en demandant à Dora, sans le moindre préambule, si elle pouvait aimer un mendiant.

«Comment peux-tu me poser une question aussi stupide? demanda Dora avec une moue. Aimer un mendiant!»

«Dora, ma toute bien-aimée! dis-je. Un mendiant, c'est ce que je suis!»

«Comment peux-tu être assez bête, répliqua Dora en me donnant une tape sur la main, pour me raconter tranquillement de pareilles histoires? Je vais te faire mordre par Jip si tu es aussi ridicule.»

Mais j'avais l'air si sérieux que Dora se mit à pleurer. Elle ne faisait que s'écrier: «Oh! mon Dieu, mon Dieu! Oh! tu me fais tellement peur! Et où est Julia Mills? Oh! emmène-moi auprès de Julia Mills, et va-t'en, s'il te plaît!» jusqu'au moment où j'en eus presque perdu la raison.

Je crus que je l'avais tuée. J'aspergeai d'eau son visage. Je tombai à genoux. Je m'arrachai les cheveux.

J'implorai son pardon. Je la suppliai de lever les yeux. Je fis des ravages dans la boîte à ouvrage de Mlle Mills en y cherchant un flacon de sels, et dans la douleur de mon esprit, je me servis par erreur d'un étui à aiguilles en ivoire, et je laissai tomber toutes les aiguilles sur Dora.

Finalement, j'obtins que Dora me regardât, avec une expression d'horreur sur le visage, expression que j'apaisai progressivement jusqu'au moment où elle ne fut plus qu'aimante et où sa douce et jolie joue fut posée contre la mienne.

«Ton cœur est-il encore à moi, ma chère Dora?» dis-je avec extase, car je savais par sa façon de se serrer contre moi ce qu'il en était.

«Oh! oui. Oh! oui, il est tout entier à toi. Oh! ne sois pas épouvantable!»

Moi, épouvantable! Pour Dora!

«Ne me parle plus d'être pauvre et de travailler ferme! dit Dora en se blottissant plus étroitement contre moi. Oh! non, non!»

«Mon trésor bien-aimé, un croûton de pain honnêtement gagné...»

«Oh! oui; mais je ne veux plus entendre parler de croûtons, dit Dora. Et quand nous serons mariés, il faut que Jip ait une côtelette de mouton tous les jours à midi, sans quoi il mourra!»

Je fus subjugué par ses manières enfantines et séduisantes. J'expliquai tendrement à Dora que Jip aurait sa côtelette de mouton avec sa régularité coutumière.

Il y avait environ six mois que nous étions fiancés quand Dora me charma en me demandant de lui donner ce livre de cuisine dont je lui avais un jour parlé, et de lui montrer comment tenir des comptes, comme je lui avais un jour promis de le faire. J'apportai le volume avec moi le jour de ma visite suivante (je le fis d'abord relier joliment, pour lui donner un aspect moins sec et plus engageant); et je lui montrai un vieux registre de comptes ménagers de ma tante, et je lui offris des tablettes, et un joli petit porte-mine, avec un étui de mines, pour s'exercer à l'économie domestique.

Mais le livre de cuisine donnait des maux de tête à Dora, et les chiffres la faisaient pleurer. Ils refusaient de s'additionner; elle les effaçait donc, et dessinait sur toute la surface des tablettes de petits bouquets, et des portraits de Jip et de moi.

Le temps passa et finalement je tins en main la dispense de bans. Les deux noms s'y trouvaient, rattachés par les liens délicieux de mes visions d'autrefois, David Copperfield et Dora Spenlow; et là, dans le coin, il y avait le Bureau du Timbre, cet organisme paternel, penché sur notre union; et il y avait l'archevêque de Cantorbéry, qui invoquait une bénédiction sur nous en caractères d'imprimerie, et le faisait à aussi bon compte qu'on pouvait l'espérer.

Je ne crois pas que deux jeunes oiseaux auraient pu en savoir moins long sur la façon de tenir une maison que ma jolie Dora et moi. Bien entendu nous avions une bonne. Elle tenait la maison pour nous. Cette Mary Anne nous fit passer de mauvais moments.

Elle s'appelait Parangon. On nous avait donné à entendre, quand nous l'avions engagée, que son nom exprimait faiblement ses qualités. Elle avait un certificat écrit, aussi long qu'une proclamation, et, selon ce document, elle savait faire, dans le domaine ménager, tout ce dont j'avais entendu parler, et un grand nombre de choses dont je n'avais jamais entendu parler du tout. Cette femme était au printemps de la vie; elle avait un visage sévère; elle souffrait (particulièrement aux bras) d'une sorte de rougeole permanente. Elle avait un cousin dans les Cavaliers de la Garde, et il avait les jambes si longues qu'il avait l'air d'être l'ombre portée de quelqu'un d'autre au soleil de l'après-midi.

Notre perle était garantie sobre et honnête. Je suis donc disposé à croire qu'elle était victime d'une attaque quand nous la trouvâmes sous la chaudière, et que la disparition des cuillers à café devait être attribuée aux éboueurs. Elle fut la cause de notre première petite dispute.

«Mon bien-aimé trésor, dis-je un jour à Dora, crois-tu que Mary Anne ait la moindre idée de l'heure?»

«Pourquoi, Doady?» me demanda Dora en levant innocemment les yeux de son dessin.

«Mon amour, parce qu'il est cinq heures et que nous devions dîner à quatre heures.»

Ma petite femme vint s'asseoir sur mes genoux pour m'apaiser par ses cajoleries, et dessina un trait de crayon au milieu de mon nez; mais, malgré le grand charme de cette sensation, je ne pouvais en faire mon dîner.

«Ne crois-tu pas, ma chérie, dis-je, qu'il vaudrait mieux que tu fasses des remontrances à Mary Anne?»

«Oh! non, s'il te plaît! Je ne pourrais pas, Doady!»

«Pourquoi pas, mon amour?» demandai-je avec douceur.

«Oh! parce que je suis une vraie petite oie, dit Dora, et qu'elle le sait!»

Je jugeai ce sentiment tellement incompatible avec l'établissement d'un quelconque système de contrôle sur Mary Anne que je fronçai un peu les sourcils.

«Ma femme adorée, dis-je, il faut que nous soyons sérieux quelquefois. Viens; assieds-toi sur cette chaise, tout près de moi! Donne-moi ce crayon! Là! Et maintenant parlons raisonnablement. Tu comprends, mon amour, ce n'est pas précisément confortable d'avoir à se passer de dîner. Voyons, qu'en dis-tu?»

«N...n...on!» répondit Dora d'une voix faible.

«Mon amour, comme tu trembles!»

«Parce que je SAIS que tu vas me gronder.»

«Mon trésor, je vais seulement te faire entendre raison.»

«Oh! mais les raisonnements sont pires que les gronderies! s'écria Dora, désespérée. Je ne me suis pas mariée pour entendre raison. Si tu voulais faire entendre raison à un pauvre petit être comme moi, tu aurais dû me le dire, petit cruel!»

«Voyons, ma Dora chérie, dis-je, tu es très puérile et tu dis des bêtises. Tu dois te rappeler, j'en suis sûr, que j'ai été obligé de partir hier au milieu du dîner; et qu'avant-hier, j'ai été vraiment indisposé pour avoir été obligé de manger en hâte du veau insuffisamment cuit; aujourd'hui je ne dîne pas du tout... et je n'ose pas dire pendant combien de temps nous avons attendu le déjeuner... et quand il est arrivé, l'eau ne bouillait pas. Je ne veux pas te faire de reproches, ma chérie, mais ce n'est pas confortable.»

«Je m'étonne vraiment que tu me tiennes des discours aussi ingrats, dit Dora en sanglotant, alors que tu sais que l'autre jour, quand tu as dit que tu aimerais manger un peu de poisson, je suis sortie moi-même, et je suis allée le commander, à des milles et des milles de distance, pour te faire une surprise.»

«Et c'était très gentil de ta part, ma bien-aimée chérie, dis-je. J'y ai été tellement sensible que pour rien au monde je n'aurais voulu mentionner un seul instant le fait que tu avais acheté un saumon trop gros pour deux, ni le fait qu'il coûtait une livre six shillings... ce qui était au-dessus de nos moyens.»

«Tu l'as beaucoup aimé, dit Dora en sanglotant, et tu m'as dit que j'étais une petite souris.»

«Et je te le redirai encore, mon amour, mille fois!»

Je le lui redis mille fois, et davantage, et je continuai à le redire jusqu'au jour où le cousin de Mary Anne, désertant, se réfugia dans notre cave à charbon, d'où il fut extrait, à notre grande stupeur, par un détachement de ses frères d'armes, qui l'emmenèrent, menottes aux poignets, en un cortège qui couvrit d'ignominie notre jardin sur rue.

Tous les gens à qui nous avions affaire paraissaient nous duper. Notre entrée chez un commerçant lui donnait le signal d'exhiber immédiatement les marchandises avariées. Si nous achetions un homard, il était plein d'eau. Toute notre viande se révélait être coriace, et nos pains n'avaient guère de croûte. Pour ce qui est de la blanchisseuse qui mit notre linge en gage et vint présenter ses excuses dans un état d'ivresse repentante, je suppose que cela aurait pu arriver plusieurs fois à n'importe qui. De même que le feu de cheminée, la pompe à incendie et le parjure de l'appariteur municipal. Mais je crains que nous n'ayons été personnellement malheureux en engageant un petit valet dont la principale fonction était de se disputer

ABC

avec la cuisinière et qui vivait sous une grêle de couvercles de casseroles. Nous désirions nous défaire de lui, mais il nous était très attaché et ne voulait pas partir. Enfin, un jour, il vola la montre de Dora, la vendit et dépensa le produit de cette transaction (ce garçon avait toujours été faible d'esprit) à voyager incessamment de Londres à Uxbridge et d'Uxbridge à Londres sur l'impériale de la diligence. Il fut conduit au tribunal de police au terme de son quinzième voyage; et on trouva alors sur lui quatre shillings et six pence, et un fifre d'occasion dont il ne savait pas jouer.

Il fut jugé et condamné à la déportation. Même alors, il ne put rester tranquille et nous écrivit continuellement des lettres; il désirait tellement revoir Dora avant de partir que Dora alla lui rendre visite et s'évanouit quand elle se trouva de l'autre côté des barreaux de fer. Bref, je ne connus aucune tranquillité dans la vie jusqu'à ce qu'il fût expatrié et devenu (comme je l'appris plus tard) berger, "sur les hauteurs" quelque part... quant à savoir en quel lieu géographique, je n'en ai aucune idée.

«Je suis bien désolée de tout ça, Doady, dit Dora. Me donneras-tu un nom que je voudrais que tu me donnes?» me demanda-t-elle.

«Quel nom?» m'enquis-je avec un sourire.

«C'est un nom stupide: "femme-enfant". Quand tu auras envie de te mettre en colère contre moi, dis-toi: "Ce n'est que ma femme-enfant!" Quand je serai très décevante, dis-toi: "Je savais depuis longtemps que Dora ne deviendrait qu'une femme-enfant!" Quand tu regretteras que je ne sois pas telle que j'aimerais être, mais que je ne crois pas pouvoir jamais devenir, dis-toi: "Et pourtant ma stupide femme-enfant m'aime!" car vraiment je t'aime.»

J'implore l'être innocent que j'ai tendrement aimé de surgir des brumes et des ombres du passé, et de tourner vers moi son doux visage une fois encore, et d'attester qu'elle fut rendue heureuse par la réponse que je lui fis.

Chapitre VI

J'entendis un pas dans l'escalier un jour. Je reconnus celui de M. Peggotty. Il devint plus proche... encore plus proche... et fit irruption dans la pièce.

«M'sieur Davy, me dit-il d'une voix sourde et tremblante, je l'ai retrouvée! Je rends grâces à mon Père Céleste de m'avoir guidé, à Sa façon, vers ma bien-aimée!»

«Avez-vous tout à fait décidé de l'avenir, mon brave ami?» lui demandai-je.

«Oui, m'sieur Davy, répondit-il. Y a de vastes pays loin d'ici. Notre vie future se trouve au-delà des mers.»

Et il me tendit ses deux mains, pressé de retourner à l'unique mission de sa noble existence. Je songeai à Ham et je demandai qui allait lui annoncer les nouvelles. M. Peggotty avait pensé à tout. Il avait déjà écrit au pauvre garçon, et la lettre était dans la poche de son gros veston, prête à être postée. Je la lui demandai et lui dis que j'allais me rendre à Yarmouth et parler moi-même à Ham avant de la lui remettre, pour le préparer à en prendre connaissance. Il me remercia très chaleureusement et nous nous séparâmes; il était entendu que je prendrais la diligence de nuit. Je partis le soir même.

«Ne trouvez-vous pas, dis-je au cocher au cours de la première étape après la sortie de Londres, que ce ciel est très remarquable? Je n'ai pas souvenir d'en avoir jamais vu de pareil.»

«Moi non plus, répondit-il. C'est signe de vent, monsieur. Il y aura du vilain en mer avant longtemps.»

C'était une confusion de ténèbres, de nuages fuyants projetés en amas fort remarquables, à travers lesquels la lune égarée paraissait plonger fougueusement, comme si, par un terrible bouleversement des lois de la nature, elle avait perdu son chemin. Il y avait eu du vent toute la journée; à ce moment-là il croissait en intensité avec un bruit extraordinairement puissant. Une heure plus tard il avait beaucoup augmenté, et le ciel était plus couvert, et il soufflait avec violence.

Mais à mesure que la nuit s'avançait, le vent vint à souffler de plus en plus violemment. Je m'étais jadis trouvé à Yarmouth un jour où les matelots disaient qu'il faisait un vent de tous les diables, mais jamais je n'avais rien vu de semblable à cela, ni d'approchant.

L'épouvantable mer elle-même, quand le terme de mon voyage fut proche, me confondit. Quand les hautes murailles liquides s'approchaient en ondulant et se brisaient sur le rivage, j'avais l'impression d'assister à un déchirement et à un bouleversement de toute la nature.

Ne trouvant pas Ham parmi les gens que ce vent mémorable avait rassemblés sur la plage, je me rendis à sa maison. J'y appris qu'il était allé faire un travail de réparation de bateau à quelques milles de là, mais qu'il serait de retour le lendemain matin de bonne heure.

Je retournai donc à l'auberge; et quand je me fus lavé et habillé, et que j'eus vainement essayé de dormir, il se trouva être une heure avancée de l'après-midi. Il n'y avait pas cinq minutes que j'étais près du feu dans la salle commune, quand le garçon entra pour tisonner le feu, et me dit que deux charbonniers avaient coulé avec tout leur équipage à quelques milles de distance; et qu'on avait vu d'autres navires bourlinguer dans la rade, et essayer, en grande détresse, de rester éloignés de la côte. «Que Dieu leur fasse miséricorde, ainsi qu'à tous les pauvres marins, dit-il, si nous avons encore une nuit comme la précédente!»

J'étais incapable de manger, de rester immobile, de m'appliquer de façon continue à quoi que ce fût. Mon dîner repartit sans que j'y eusse guère touché, et j'essayai de me restaurer en prenant un ou deux verres de vin. Vainement. Je marchai de long en large; j'essayai de lire un vieux dictionnaire géographique; j'écoutai les bruits effrayants; je contemplai dans le feu des visages, des scènes et des silhouettes. Finalement le tic-tac régulier de la pendule impassible accrochée au mur me tourmenta à tel point que je résolus d'aller me coucher.

Pendant des heures je restai étendu dans mon lit, écoutant le vent et les flots, imaginant que j'entendais, tantôt des cris au large, tantôt les coups de canon très reconnaissables d'un signal de détresse, tantôt l'écroulement de maisons dans la ville. Finalement mon agitation atteignit un tel degré que je me couvris précipitamment de mes vêtements et descendis. Dans la grande cuisine, ceux qui veillaient s'étaient tous regroupés. Un homme me demanda quand je les rejoignis si je croyais que les âmes des matelots des charbonniers naufragés se promenaient en liberté dans la tempête.

L'ombre était épaisse dans ma chambre quand je finis par y retourner; mais maintenant j'étais fatigué, et, me recouchant, je sombrai dans les profondeurs du sommeil. Il faisait grand jour quand je fus réveillé, vers huit ou neuf heures, par quelqu'un qui frappait à ma porte et m'appelait.

«Que se passe-t-il?» demandai-je.

«Un navire naufragé! Tout près d'ici!»

«Quel navire?»

«Une goélette, espagnole ou portugaise, chargée de fruits et de vin. Dépêchez-vous, monsieur, si vous voulez la voir! Les gens qui sont sur la plage croient à tout moment qu'elle va se briser en morceaux.»

Je m'enveloppai le plus vite possible de mes vêtements et je sortis en courant dans la rue. Beaucoup de gens m'y avaient précédé et tous couraient dans la même direction: vers la plage.

Quand j'y parvins, avec la difficulté d'entendre quoi que ce soit d'autre que le vent et les vagues, et avec la foule, la confusion indicible, et mes premiers efforts haletants pour résister aux éléments, je fus tellement

égaré que je cherchai du regard le navire naufragé en haute mer, et ne vis rien de plus que le sommet écumant des grandes vagues. Un matelot me posa une main sur le bras et me montra où regarder. Et alors, juste ciel, je le vis, tout près de nous!

Un mât avait été brisé à six ou huit pieds au-dessus du pont, et pendait par-dessus bord, emmêlé dans une masse confuse de voiles et de gréements; et tous ces débris, quand le navire tanguait et louvoyait (ce qu'il faisait sans un instant d'interruption et avec une violence tout à fait inconcevable), lui frappaient le flanc comme s'ils allaient le défoncer.

Des efforts étaient en cours à ce moment même pour détacher cette portion de l'épave; en effet, quand le navire qui se présentait par le travers se tourna vers nous sous l'effet du tangage, je discernai nettement l'équipage au travail avec des haches, et en particulier une silhouette active aux cheveux frisés qui se faisait remarquer parmi les autres. Mais à cet instant un grand cri, qui fut perceptible malgré le vent et les flots, s'éleva du rivage: la mer, balayant l'épave ballottée, fit une brusque trouée, et emporta des hommes, des espars, des tonneaux, des planches, des bastingages, et des masses de jouets de ce genre, dans la houle bouillonnante.

Le second mât était encore debout, avec les lambeaux d'une voile déchirée et un paquet désordonné de cordages qui battait d'un côté à l'autre. Le navire avait touché le fond une fois, me dit à l'oreille le même matelot, puis il s'était élevé à la lame et avait touché le fond de nouveau. Je compris qu'il ajoutait que le navire se brisait par le milieu. Tandis qu'il parlait un nouveau cri de pitié s'éleva de la plage; quatre hommes surgirent de l'abîme avec l'épave, cramponnés au gréement du dernier mât... et, dominant les autres, la silhouette active aux cheveux frisés.

Il y avait une cloche à bord et, tandis que le navire tanguait et bondissait, son tintement, glas de ces malheureux, nous était apporté par le vent. De nouveau, nous le perdîmes de vue et de nouveau il se releva. Deux hommes avaient disparu.

Je remarquai qu'une sensation nouvelle parcourait les gens massés sur la plage; et je les vis s'écarter et je vis Ham se frayer un chemin parmi eux jusqu'au premier rang.
Instantanément je courus vers lui, car je devinai qu'il avait l'intention de s'avancer dans l'eau au bout d'une corde. Je le retins des deux bras et j'implorai les hommes de ne pas l'écouter, de ne pas le laisser s'éloigner de cette plage!
Une nouvelle clameur s'éleva sur le rivage; et nous vîmes la voile cruelle, frappant à coups redoublés le moins haut placé des deux hommes, le faire tomber et s'envoler triomphalement pour envelopper la silhouette active de celui qui restait seul sur le mât.
Contre un tel spectacle et contre une détermination comme celle de l'homme calmement résolu qui avait déjà l'habitude de guider la moitié des gens présents, j'aurais pu implorer le vent avec autant d'espoir de réussir. Je fus repoussé à quelque distance; là, les gens qui m'entouraient me firent rester sur place (en me démontrant, à ce que je compris confusément, qu'il était résolu à y aller, avec ou sans aide, et que je compromettrais les précautions prises pour sa sécurité en perturbant ceux dont elles dépendaient). Je vis un mouvement précipité sur la plage et des hommes accourant avec des cordes et pénétrant dans le cercle de matelots qui me cachait Ham. Puis je le vis, debout, tout seul, en blouse et pantalon de marin, avec une corde à la main ou passée au poignet, et une autre autour du corps; et plusieurs des hommes les plus capables se cramponnèrent à cette corde.
L'épave allait se briser. Je vis qu'elle se rompait par le milieu, et que la vie de l'homme solitaire suspendu au mât ne tenait qu'à un fil. Il avait sur la tête une curieuse casquette rouge, qui ne ressemblait pas à une casquette de marin et qui était d'une plus belle couleur; et tandis que les quelques planches fléchissantes qui le séparaient de la mort oscillaient et se renflaient, et que sonnait son glas anticipé, nous le vîmes tous agiter cette casquette. Je le vis faire ce geste, moi aussi, et je crus que j'allais devenir fou quand je crus reconnaître un ami jadis cher – l'ami jadis très cher – Steerforth.
Ham regarda la mer, tout seul, jusqu'au moment où il y eut une grande vague battant en retraite; alors il s'élança derrière cette vague et en un instant se mit à lutter contre les flots, se soulevant avec les montagnes d'eau, retombant avec les vallées, perdu sous l'écume, ramené vers le rivage, emporté vers le navire. Finalement il approcha de l'épave. Il en était si proche qu'après une autre de ses brasses vigoureuses il s'y serait accroché... quand un haut et vaste flanc de montagne d'eau verte s'avança vers la côte, venant d'au-delà du navire: il parut s'y élancer d'un bond puissant, et le navire disparut!
On tira le corps de Ham exactement à mes pieds... inanimé... mort. On le transporta dans la maison la plus proche; on tenta par tous les moyens de le faire revenir à la vie; mais il avait été frappé mortellement par l'énorme vague et son cœur généreux avait à tout jamais cessé de battre.
Tandis que j'étais assis à son chevet, tout espoir étant perdu, tout étant fini, un pêcheur qui me connaissait depuis le temps où Emily et moi étions enfants prononça mon nom à la porte d'une voix sourde.
«Monsieur, me dit-il (et les larmes jaillirent sur son visage hâlé, qui, de même que ses lèvres tremblantes, était d'une pâleur mortelle), voudriez-vous venir là-bas?»

Le vieux souvenir qui m'avait été rappelé se lisait dans son regard.

«Un autre corps a-t-il été rejeté sur le rivage?» lui demandai-je, frappé de terreur, en m'appuyant sur le bras qu'il me tendait pour me soutenir.

«Oui», me dit-il.

«Quelqu'un que je connais?» demandai-je alors.

Il ne répondit rien. Mais il me conduisit sur le rivage. Et à l'endroit de la plage où j'avais cherché des coquillages avec Emily quand nous étions enfants tous les deux... à l'endroit où certains fragments légers du vieux bateau démoli par le vent la nuit précédente avaient été éparpillés... parmi les ruines du foyer qu'il avait dévasté... je vis Steerforth qui reposait, la tête sur le bras, comme je l'avais souvent vu reposer à l'école.

Alan Marks a également illustré le livre suivant pour les Editions Nord-Sud:
Au revoir, papa! *de Brigitte Weninger*

 Imprimé en Italie
Loi n° 49-956 du 16 juillet 1949 sur les publications destinées à la jeunesse
Dépôt légal 3e trimestre 1995
ISBN 3 314 20909 6